AF284360

Impressum
Verlag: BABADADA GmbH, Nedderfeld 112 , 22529 Hamburg
Geschäftsführer / Verlagsleitung: Harald Hof
Druck: Books on Demand GmbH, In de Tarpen 42, 22848 Norderstedt

Imprint
Publisher: BABADADA GmbH, Nedderfeld 112 , 22529 Hamburg, Germany
Managing Director / Publishing direction: Harald Hof
Print: Books on Demand GmbH, In de Tarpen 42, 22848 Norderstedt, Germany

xue xiao
escuela

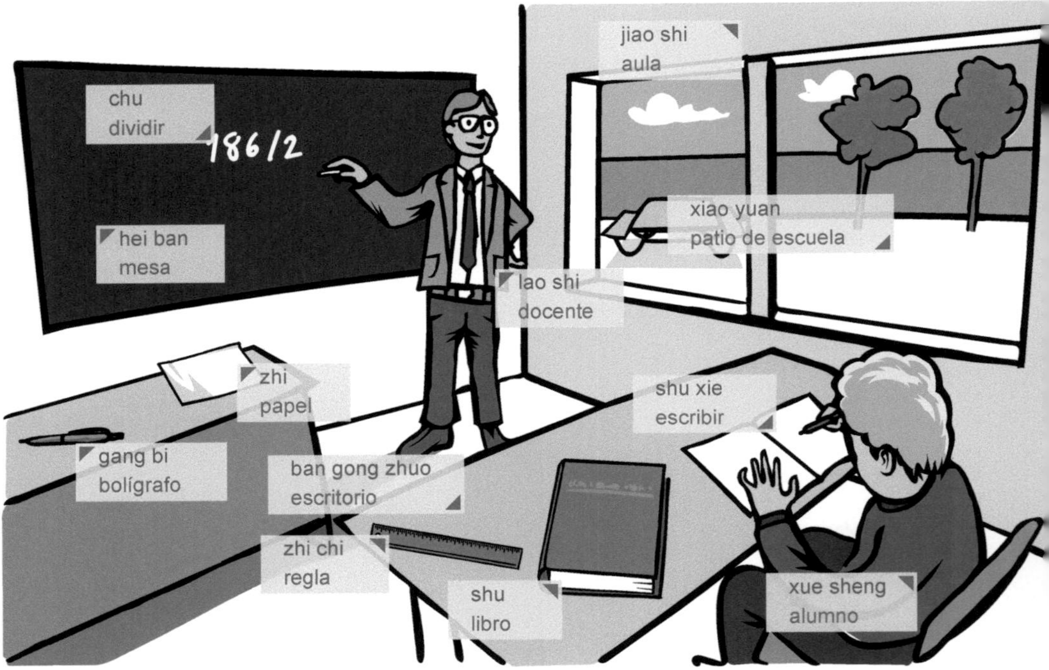
jiao shi
aula
chu
dividir
186/2
xiao yuan
patio de escuela
hei ban
mesa
lao shi
docente
zhi
papel
shu xie
escribir
gang bi
bolígrafo
ban gong zhuo
escritorio
zhi chi
regla
shu
libro
xue sheng
alumno

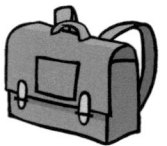

shu bao

mochila escolar

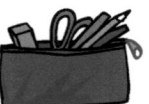

qian bi he

caja de lápices

qian bi

lápiz

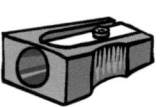

juan bi dao

sacapuntas

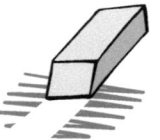

xiang pi ca

goma de borrar

hua ban

bloc de dibujo

tu hua

dibujo

hua bi

pincel

yan liao he

caja de pinturas

jian dao

tijera

jiao shui

pegamento

lian xi ce

libro de ejercicios

jia ting zuo ye

tarea

shu zi

número

jia

sumar

jian

restar

cheng

multiplicar

ji suan

calcular

zi mu

letra

zi mu biao

alfabeto

zi

palabra

ke wen

texto

du

leer

fen bi

tiza

shang ke

lección

deng ji

libro de clase

kao shi

examen

zheng shu

certificado

xiao fu

uniforme escolar

jiao yu

educación

bai ke quan shu

enciclopedia

da xue

universidad

xian wei jing

microscopio

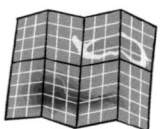

di tu

mapa

fei zhi kuang

cesto de papeles

lü xing
viaje

jiu dian
hotel
Grand
qing nian lü xing she
albergue
ROOMS
wai bi dui huan chu
casa de cambio
EXCHANGE
shou ti xiang
maleta
qi che
auto

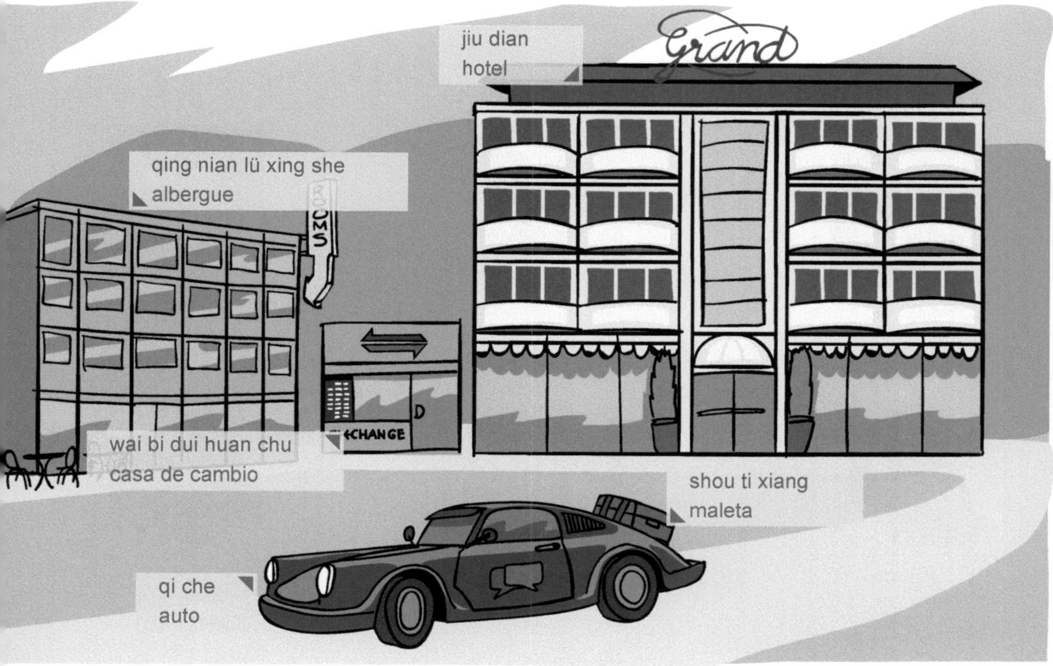

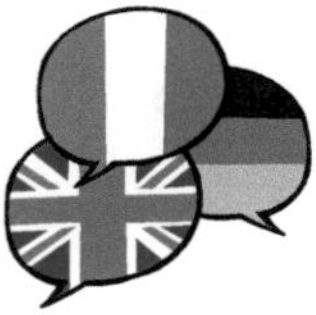

yu yan

idioma

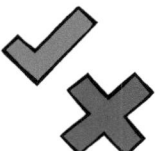

shi/fou

sí / no

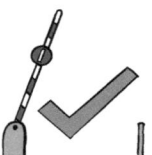

hao de

ok

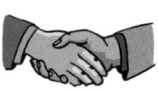

nin hao

hola

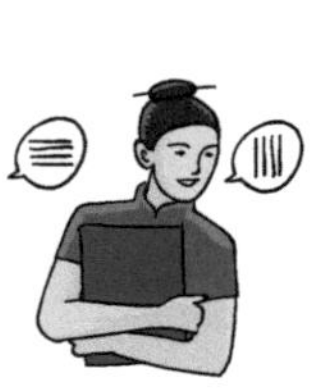

fan yi yuan

intérprete

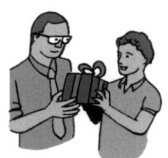

xie xie

gracias

......duo shao qian?

¿Cuánto cuesta...?

wo bu ming bai

No entiendo

wen ti

problema

wan shang hao!

¡Buenas tardes!

zao shang hao!

¡Buenos días!

wan an!

¡Buenas noches!

zai jian

adiós

fang xiang

dirección

xing li

equipaje

bao

bolso

shuang jian bao

mochila

ke ren

invitado

fang jian

cuarto

shui dai

saco de dormir

zhang peng

tienda de campaña

lü xing - viaje

lü you xin xi

información al turista

hai tan

playa

xin yong ka

tarjeta de crédito

zao can

desayuno

wu can

almuerzo

wan can

cena

piao

pasaje

dian ti

ascensor

you piao

sello

bian jie

límite

hai guan

aduana

da shi guan

embajada

qian zheng

visa

hu zhao

pasaporte

jiao tong yun shu
transporte

fei ji
avión

chuan
barco

xiao fang che
coche de bomberos

gong jiao ch
bus

ka che
camión

qi ting
lancha a motor

zi xing che
bicicleta

qi che
auto

bai du chuan

balsa

xiao chuan

lancha

mo tuo che

motocicleta

jing che

auto de policía

sai che

auto de carreras

zu che

auto de alquiler

pin che

alquiler de autos

tuo che

grúa

la ji che

vehículo recolector de basura

fa dong ji

motor

qi you

gasolina

jia you zhan

gasolinera

jiao tong biao zhi

señal de tráfico

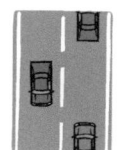

jiao tong

tránsito

jiao tong du sai

atasco

ting che chang

estacionamiento

huo che zhan

estación de tren

gui dao

carril

huo che

tren

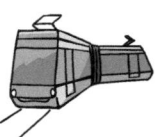

dian che

tranvía

huo che

vagón

zhi sheng ji

helicóptero

ji chang

aeropuerto

ta

torre

cheng ke

pasajero

ji zhuang xiang

contenedor

zhi ban xiang

caja de cartón

shou tui che

carro

lan zi

cesta

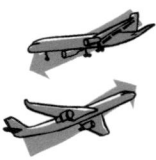

qi fei/jiang luo

despegar / aterrizar

cheng shi

ciudad

cun zhuang

aldea

shi zhong xin

centro de la ciudad

fang zi

casa

dian ying yuan
cine

guang gao
publicidad

lu deng
farol

jie dao
calle

chu zu che
taxi

xiao chi dian
kiosco

xing ren
peatón

ren xing dao
acera

shi zi lu kou
cruce

ban ma xian
paso de cebra

la ji xiang
cubo de la basura

hong lü deng
semáforo

CINEMA

xiao wu

cabaña

gong yu

apartamento

huo che zhan

estación de tren

shi zheng ting

ayuntamiento

bo wu guan

museo

xue xiao

escuela

cheng shi - ciudad

da xue

universidad

yin hang

banco

yi yuan

hospital

jiu dian

hotel

yao fang

farmacia

ban gong shi

oficina

shu dian

librería

shang dian

negocio

hua dian

florería

chao shi

supermercado

shi chang

mercado

bai huo shang dian

grandes almacenes

yu dian

pescadería

gou wu zhong xin

centro comercial

hai gang

puerto

gong yuan

parque

chang deng

banco

qiao

puente

lou ti

escalera

di tie

metro

sui dao

túnel

gong jiao che zhan

parada de autobuses

jiu ba

bar

can guan

restaurante

you tong

buzón de correo

lu biao

letrero

ting che ji shi qi

parquímetro

dong wu yuan

zoológico

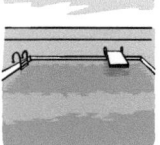

you yong guan

piscina

qing zhen si

mezquita

nong chang

granja

wu ran

polución

mu di

cementerio

jiao tang

iglesia

cao chang

parque infantil

si miao

templo

di xing

paisaje

shu ye
hoja

zhi shi pai
indicador de camino

lu
sendero

cao di
pradera

shi tou
piedra

shu
árbol

tu bu lü xing zhe
caminante

he
río

cao
pasto

hua
flor

xia gu

valle

shan

montaña

hu

lago

sen lin

bosque

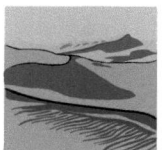

sha mo

desierto

huo shan

volcán

cheng bao

castillo

cai hong

arco iris

mo gu

seta

zong lü shu

palmera

wen zi

mosquito

cang ying

mosca

ma yi

hormiga

mi feng

abeja

zhi zhu

araña

jia chong

escarabajo

qing wa

rana

song shu

ardilla

ci wei

erizo

ye tu

liebre

mao tou ying

lechuza

niao

pájaro

tian e

cisne

ye zhu

jabalí

lu

ciervo

mi lu

alce

shui ba

embalse

feng li fa dian ji

aerogenerador

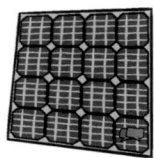

tai yang neng dian chi ban

módulo solar

qi hou

clima

fu wu yuan
camarero

cai dan
carta del menú

yi zi
silla

tang
sopa

pi sa bing
pizza

can ju
cubiertos

zhuo bu
mantel

qian cai

entrada

zhu cai

plato principal

tian dian

postre

yin liao

bebida

shi wu

comida

ping zi

botella

kuai can

comida rápida

jie bian xiao chi

comida callejera

cha hu

tetera

tang he

azucarera

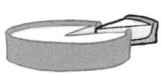

yi fen fan cai

porción

yi shi ka fei ji

máquina de espresso

gao jiao yi

silla alta

zhang dan

factura

tuo pan

bandeja

dao

cuchillo

can cha

tenedor

shao zi

cuchara

cha chi

cuchara de té

can jin

servilleta

bo li bei

vaso

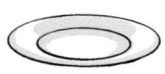

die zi

plato

tang pan

plato de sopa

die zi

platillo

jiang

salsa

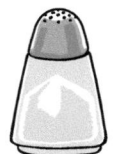

yan ping

salero

hu jiao mo

molinillo para pimienta

cu

vinagre

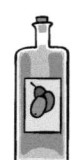

shi yong you

aceite

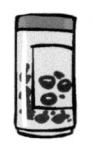

tiao wei liao

especias

fan qie jiang

ketchup

jie mo

mostaza

dan huang jiang

mayonesa

chao shi
supermercado

te jia
oferta
FOR
gu ke
cliente
ru zhi pin
productos lácteos
shui guo
fruta
gou wu che
carrito de compras

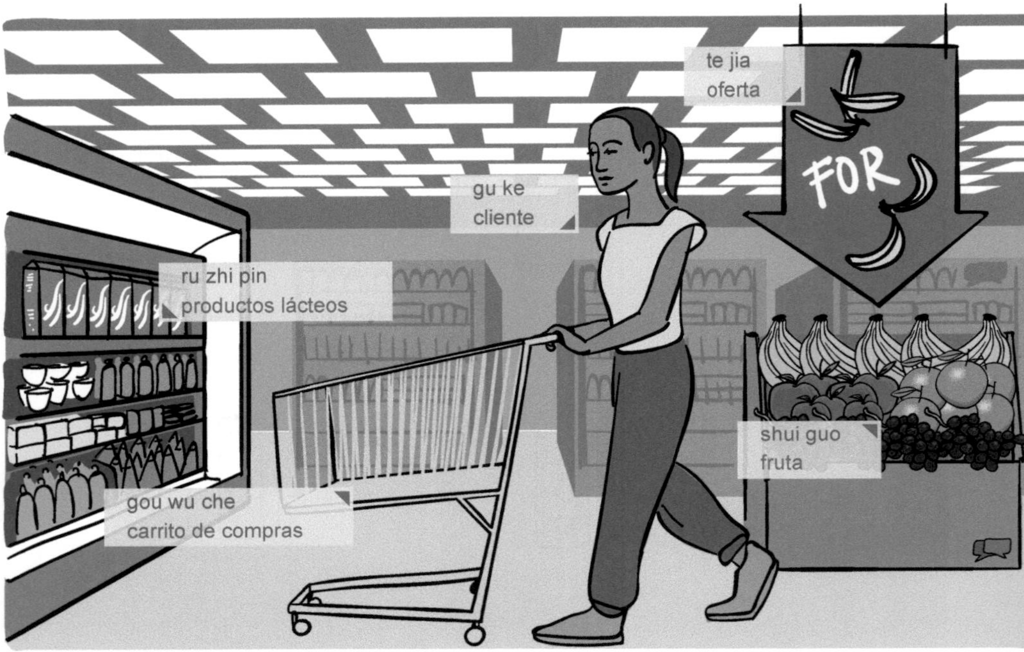

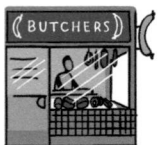

BUTCHERS

rou pu

carnicería

BAKERY

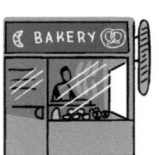

mian bao fang

panadería

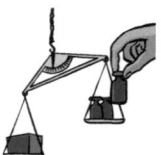

cheng zhong

pesar

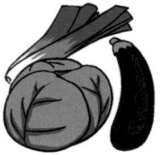

shu cai

verdura

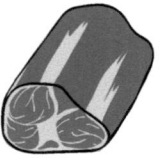

rou

carne

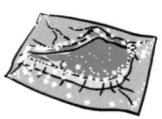

leng dong shi pin

alimentos congelados

leng pan

fiambre

guan tou shi pin

conservas

xi yi fen

detergente en polvo

tian shi

dulces

ri yong pin

artículos domésticos

qing jie yong pin

productos de limpieza

xiao shou yuan

vendedora

shou yin ji

caja

shou yin yuan

cajero

gou wu qing dan

lista de compras

kai fang shi jian

horario de atención

qian bao

cartera

xin yong ka

tarjeta de crédito

dai zi

maleta

su liao dai

bolsa plástica

shui

agua

guo zhi

jugo

niu nai

leche

ke le

refresco de cola

hong jiu

vino

pi jiu

cerveza

jiu

alcohol

ke ke

cacao

cha

té

ka fei

café

yi shi nong suo ka fei

espresso

ka bu qi nuo

cappuccino

xiang jiao

banana

ping guo

manzana

cheng zi

naranja

xi gua

sandía

ning meng

limón

hu luo bo

zanahoria

da suan

ajo

zhu zi

bambú

yang cong

cebolla

mo gu

seta

jian guo

nueces

mian tiao

fideos

yi da li mian tiao

espagueti

mi fan

arroz

sha la

ensalada

shu tiao

patatas fritas

zha tu dou

patatas salteadas

pi sa bing

pizza

han bao bao

hamburguesa

san ming zhi

sándwich

zha zhu pai

escalope

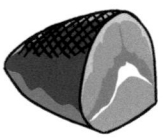

huo tui

jamón

sa la mi

salame

xiang chang

embutido

ji rou

pollo

kao rou

asado

yu

pescado

yan mai pian

copos de avena

mu zi li

musli

yu mi pian

copos de maíz tostado

mian fen

harina

yang jiao mian bao

croissant

mian bao juan

panecillo

mian bao

pan

kao mian bao

tostada

bing gan

galletas

huang you

mantequilla

ning ru

cuajada

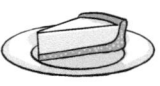

dan gao

pastel

dan

huevo

jian dan

huevo frito

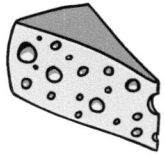

nai lao

queso

bing ji lin

helado

tang

azúcar

feng mi

miel

guo jiang

mermelada

qiao ke li jiang

praliné

ga li fan

curry

nong chang
granja

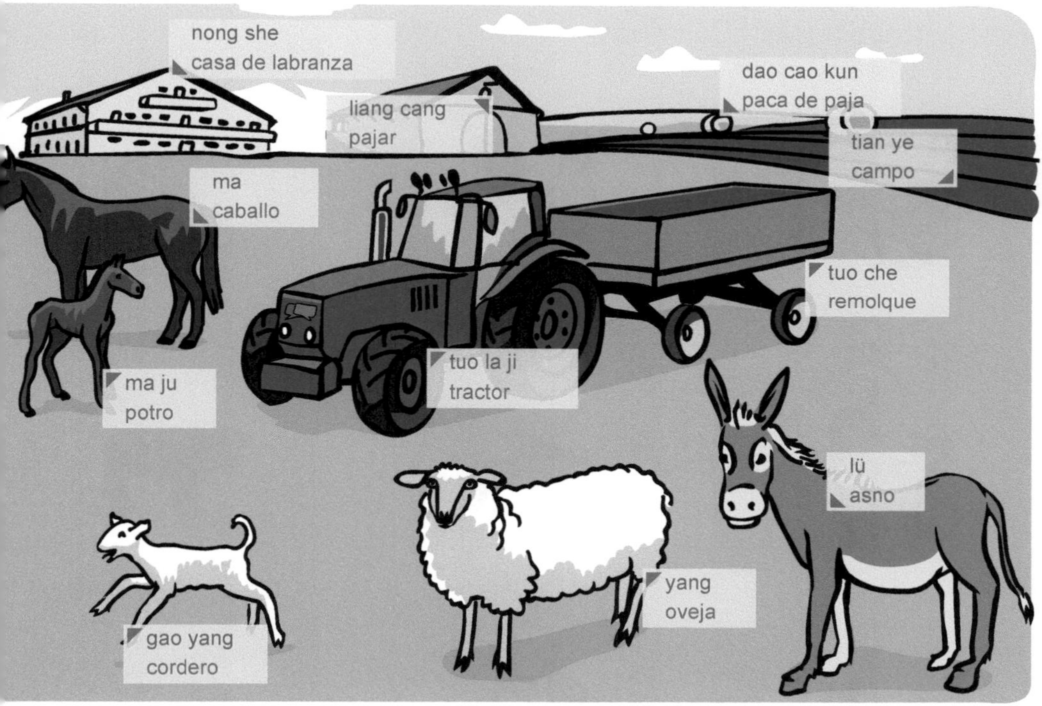

nong she
casa de labranza
liang cang
pajar
dao cao kun
paca de paja
tian ye
campo
ma
caballo
tuo che
remolque
tuo la ji
tractor
ma ju
potro
lü
asno
yang
oveja
gao yang
cordero

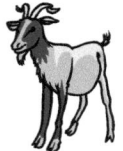

shan yang

cabra

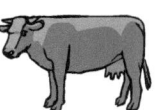

nai niu

vaca

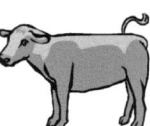

niu du

ternero

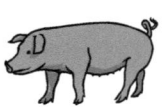

zhu

cerdo

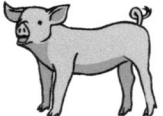

xiao zhu

lechón

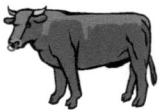

gong niu

toro

e
ganso

ya
pato

xiao ji
polluelo

mu ji
pollo

gong ji
gallo

shu
rata

mao
gato

lao shu
ratón

niu
buey

gou
perro

gou wu
caseta del perro

hua yuan jiao shui ruan guan
manguera de riego

sa shui hu
regadera

chang bing da lian dao
guadaña

li
arado

lian dao

hoz

chu tou

azada

chang bing cao pa

bieldo

fu tou

hacha

du lun shou tui che

carretilla

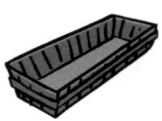

si liao cao

abrevadero

niu nai guan

lechera

ma bu dai

saco

zha lan

cerca

ma jiu

establo

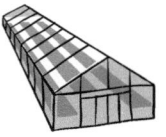

wen shi

invernadero

tu rang

suelo

zhong zi

semilla

fei liao

fertilizante

lian he shou ge ji

cosechadora

shou ge

cosechar

shou ge

cosecha

shan yao

raíz de ñame

xiao mai

trigo

da dou

soja

tu dou

patata

yu mi

maíz

you cai zi

colza

guo shu

Árbol frutal

shu shu

mandioca

gu wu

cereales

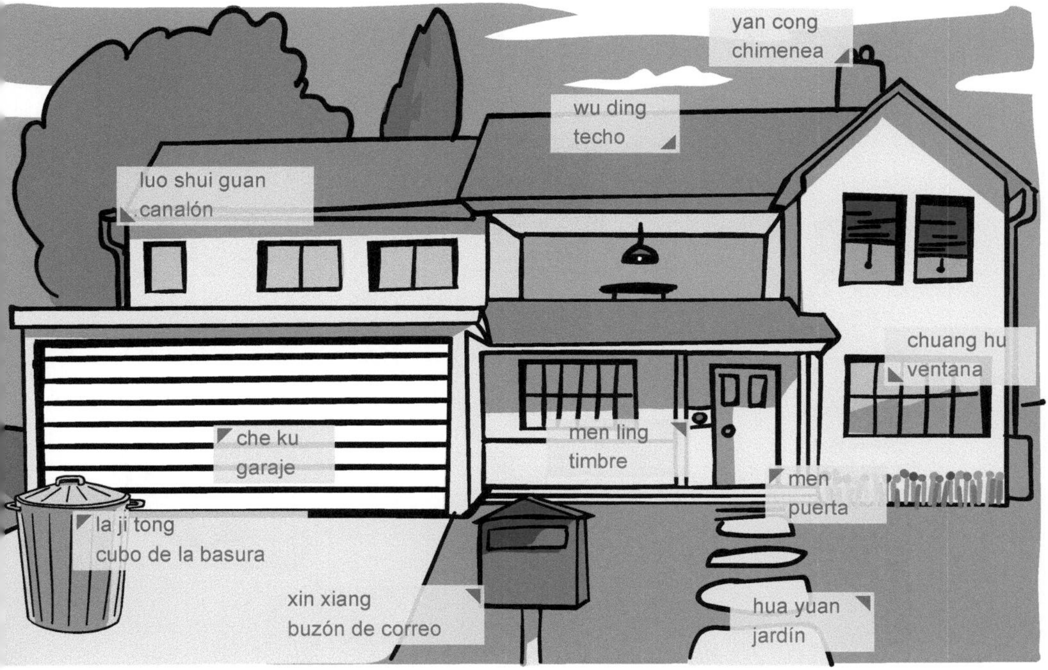

yan cong
chimenea

wu ding
techo

luo shui guan
canalón

chuang hu
ventana

che ku
garaje

men ling
timbre

men
puerta

la ji tong
cubo de la basura

xin xiang
buzón de correo

hua yuan
jardín

ke ting

cuarto de estar

yu shi

cuarto de baño

chu fang

cocina

wo shi

dormitorio

er tong fang

cuarto de los niños

can ting

comedor

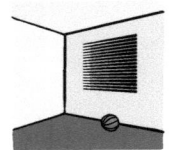

di ban

piso

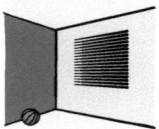

qiang bi

pared

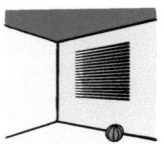

diao ding

cielorraso

di jiao

sótano

sang na

sauna

yang tai

balcón

lu tai

terraza

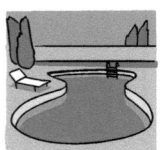

you yong chi

piscina

ge cao ji

cortacésped

bei dan

funda nórdica

chuang zhao

edredón

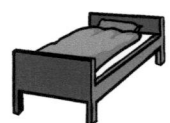

chuang

cama

sao zhou

escoba

shui tong

cubo

kai guan

interruptor

ke ting

cuarto de estar

bi zhi
papel para empapelar
zhao pian
imagen
tai deng
lámpara
ge jia
estante
chu gui
gabinete
dian shi ji
televisor
bi lu
hogar
hua
flor
dian zi
cojín
sha fa
sofá
hua ping
florero
yao kong qi
control remoto

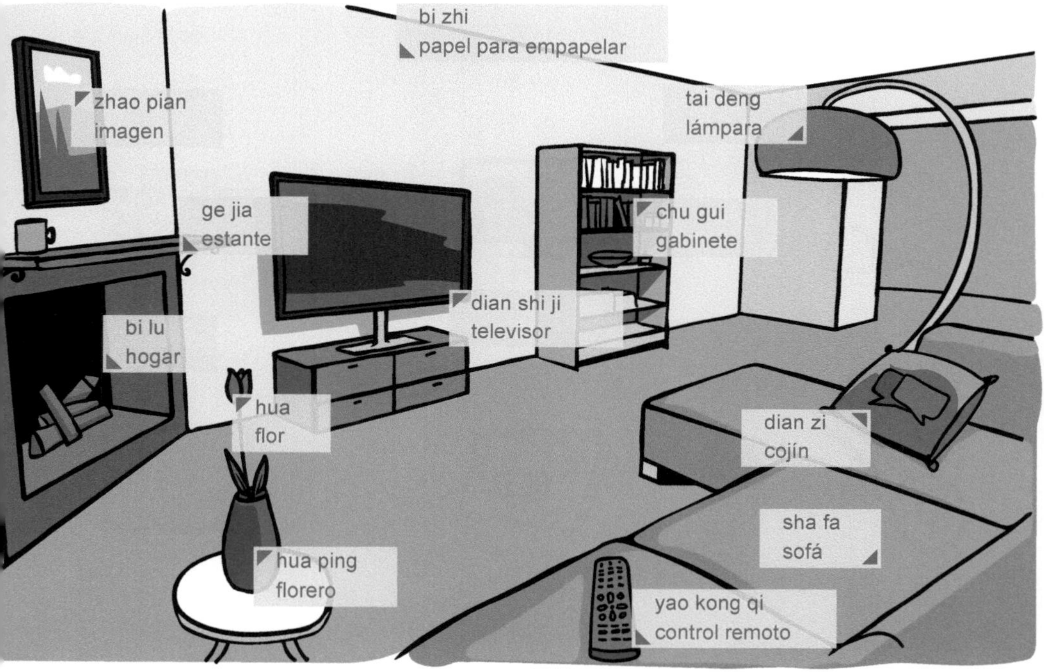

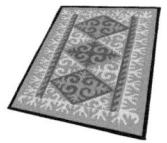

di tan

alfombra

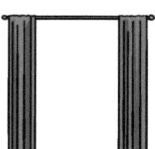

chuang lian

cortina

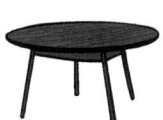

can zhuo

mesa

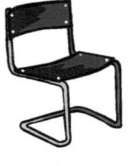

yi zi

silla

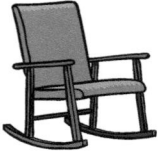

yao yi

mecedora

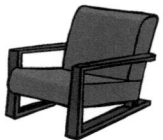

fu shou yi

sillón

shu

libro

tan zi

frazada

zhuang shi pin

decoración

mu chai

leña

dian ying

film

gao bao zhen yin xiang

equipo estereofónico

yao shi

llave

bao zhi

periódico

you hua

cuadro

hai bao

póster

shou yin ji

radio

bi ji ben

bloc de notas

xi chen qi

aspiradora

xian ren zhang

cactus

la zhu

vela

chu fang
cocina

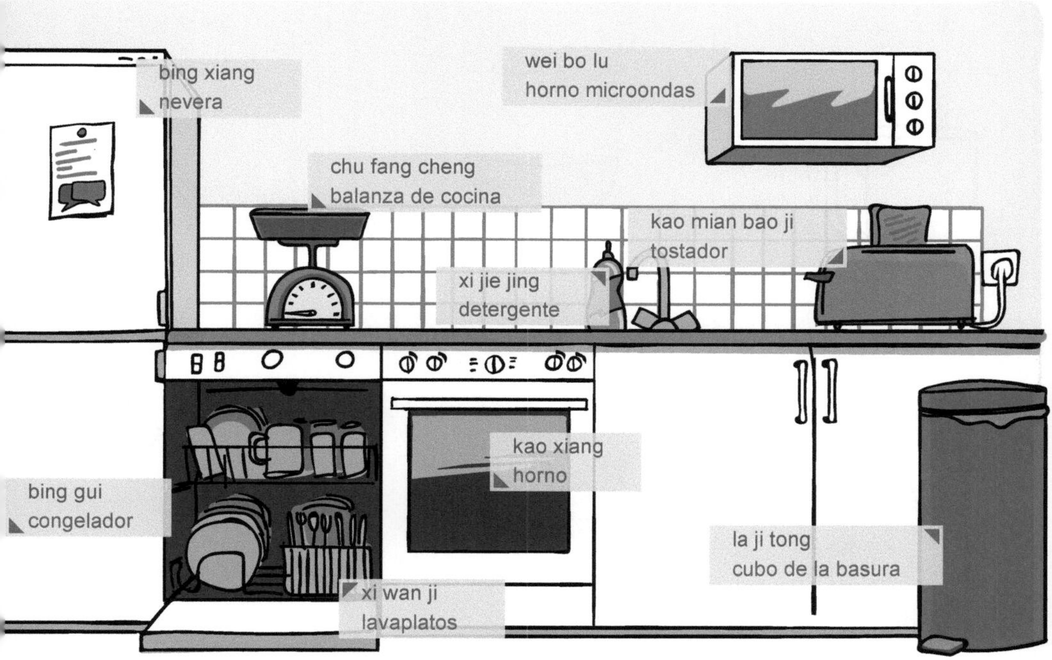

bing xiang
nevera
wei bo lu
horno microondas
chu fang cheng
balanza de cocina
kao mian bao ji
tostador
xi jie jing
detergente
kao xiang
horno
bing gui
congelador
la ji tong
cubo de la basura
xi wan ji
lavaplatos

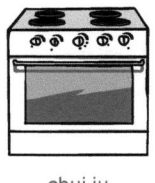

chui ju

cocina

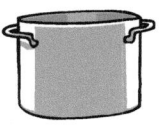

guo

olla

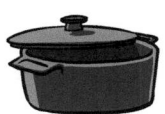

zhu tie guo

olla de fundición de hierro

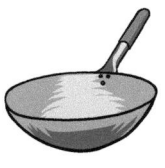

sha guo

wok / kadai

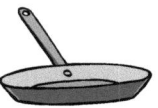

ping di guo

sartén

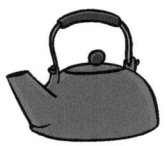

shui hu

hervidor de agua

zheng guo

olla de vapor

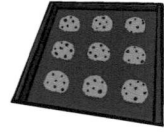

kao pan

bandeja de horno

tao ci guo

vajilla

ma ke bei

vaso

wan

bol

kuai zi

palillos para comer

chang bing shao

cucharón de sopa

chan zi

espátula

jiao ban qi

batidor

lü wang

colador

shai zi

cedazo

mo sui ji

rallador

yan bo

mortero

shao kao

parrillada

ming huo

fogata

cai ban

tabla de picar

gan mian zhang

rodillo

kai ping qi

sacacorchos

guan zi

lata

kai ping qi

abrelatas

ge re shou tao

agarrador

shui cao

fregadero

shua zi

cepillo

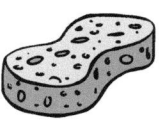

hai mian

esponja

jiao ban ji

batidora

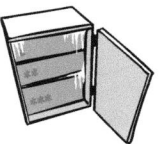

leng cang xiang

arcón congelador

nai ping

biberón

shui long tou

grifo

chu fang - cocina

yu shi

cuarto de baño

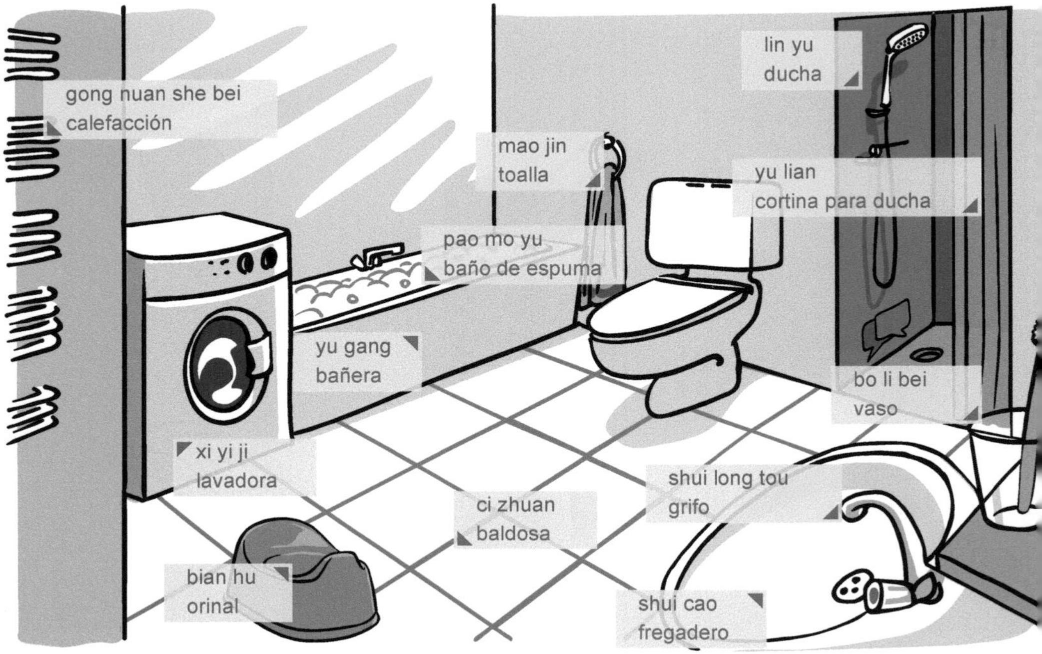

lin yu
ducha
gong nuan she bei
calefacción
mao jin
toalla
yu lian
cortina para ducha
pao mo yu
baño de espuma
yu gang
bañera
bo li bei
vaso
xi yi ji
lavadora
shui long tou
grifo
ci zhuan
baldosa
bian hu
orinal
shui cao
fregadero

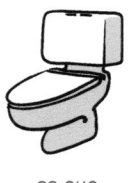

ce suo

cuarto de baño

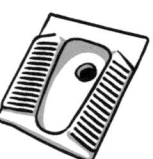

dun bian qi

placa turca

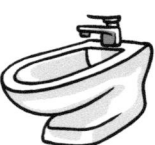

zuo yu qi

bidé

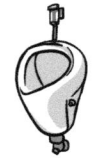

xiao bian chi

urinario

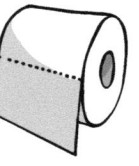

ce zhi

papel higiénico

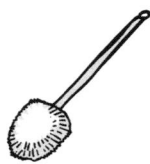

ma tong shua

escobilla para el cuarto de baño

ya shua

cepillo de dientes

ya gao

pasta dentífrica

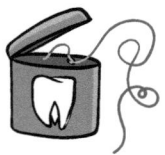

ya xian

seda dental

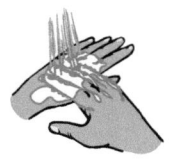

xi

lavar

shou chi shi pen lin tou

ducha teléfono

chong xi qi

ducha higiénica

xi lian pen

cuenco

ca bei shua

cepillo para la espalda

fei zao

jabón

mu yu lu

gel de ducha

xi fa shui

champú

fa lan rong

manopla para baño

pai shui

desagüe

ru shuang

crema

chu chou ji

desodorante

jing zi

espejo

shou jing

espejo de maquillaje

ti xu dao

máquina de afeitar

ti xu pao mo

espuma de afeitar

xu hou shui

loción para después del afeitado

shu zi

peine

shua zi

cepillo

chui feng ji

secador para cabello

pen fa ding xing ji

laca de peinado

hua zhuang pin

maquillaje

chun gao

lápiz labial

zhi jia you

laca para uñas

hua zhuang mian

algodón

zhi jia jian

tijera para uñas

xiang shui

perfume

xi shu bao

neceser

deng zi

taburete

ji zhong cheng

balanza

yu pao

bata de baño

xiang jiao shou tao

guantes de goma

wei sheng mian tiao

tampón

wei sheng jin

compresa

hua xue ce suo

wáter químico

er tong fang

cuarto de los niños

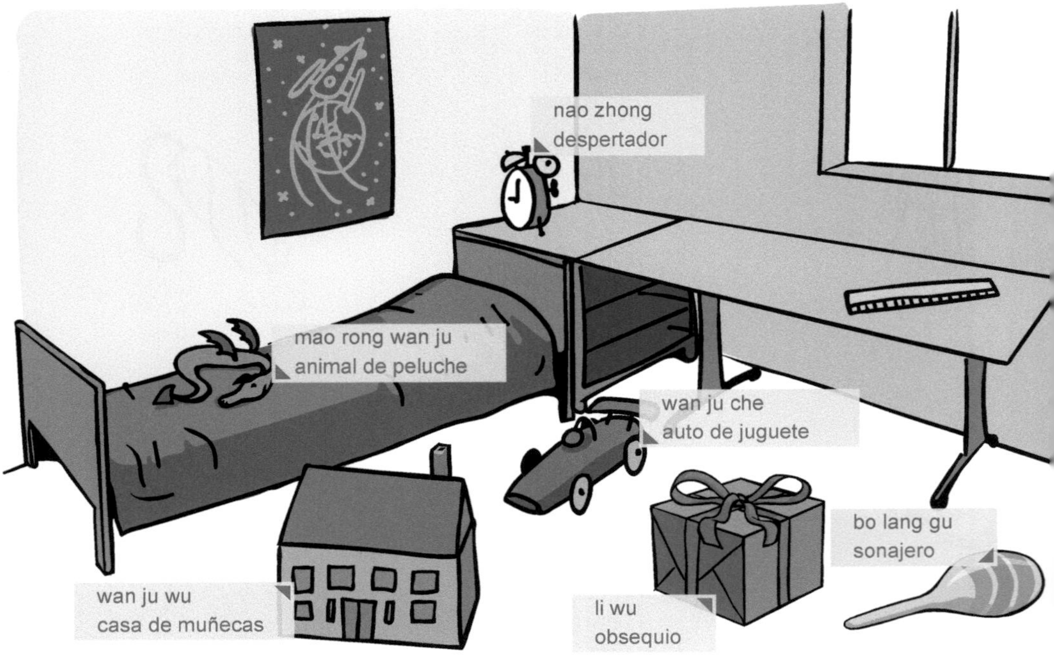

nao zhong
despertador
mao rong wan ju
animal de peluche
wan ju che
auto de juguete
bo lang gu
sonajero
wan ju wu
casa de muñecas
li wu
obsequio

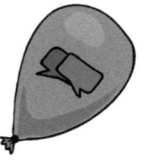

qi qiu

globo

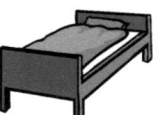

chuang

cama

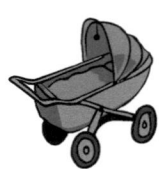

(yang wa wa yong)ying er che

cochecito para niños

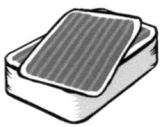

pu ke pai

juego de barajas

pin tu

rompecabezas

SUPER MEGA

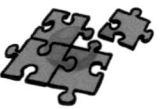

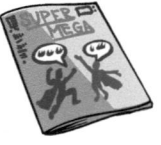

man hua

cómic

le gao ji mu

piezas de Lego

ji mu wan ju

bloques para jugar

wan ju ren

figura de acción

ying er fu

pijama de una pieza

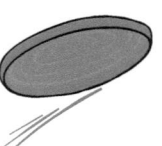

fei pan

frisbee

chuang ling wan ju

móvil

qi pan you xi

juego de mesa

shai zi

dado

huo che mo xing

tren eléctrico a escala

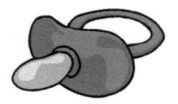

an fu nai zui

chupete

ju hui

fiesta

hui ben

libro de dibujos

qiu

pelota

yang wa wa

títere

wan

jugar

sha keng

arenero

qiu qian

columpio

wan ju

juguetes

you xi ji

consola de videojuego

san lun che

triciclo

tai di xiong

osito de peluche

yi chu

guardarropa

yi fu

vestimenta

wa zi

calcetines

chang wa

medias

jin shen ku

panti

wei jin
chal

pi dai
cinturón

yu san
paraguas

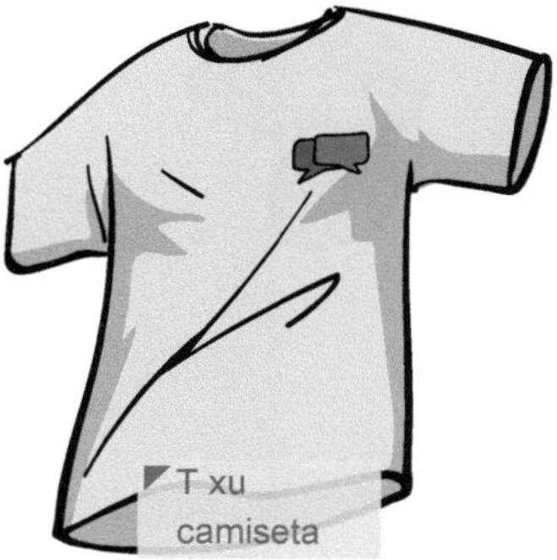

T xu
camiseta

xue zi
botas

tuo xie
zapatilla

yun dong xie
deportivas

liang xie

sandalias

xie

zapatos

yu xue

botas de goma

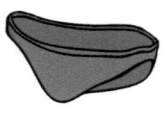

nei ku

ropa interior

xiong zhao

corpiño

bei xin

camiseta

shen ti

body

ku zi

pantalón

niu zai ku

jeans

duan qun

falda

nü shi chen shan

blusa

chen shan

camisa

tao tou shan

pullover

wei yi

sweater

xi zhuang jia ke

blazer

jia ke

chaqueta

wai tao

abrigo

yu yi

impermeable

tao zhuang

traje chaqueta

lian yi qun

vestido

hun sha

vestido de bodas

xi zhuang

traje

shui pao

camisón

shui yi

pijama

sha li

sari

tou jin

pañuelo de cabeza

bao tou jin

turbante

bo ka

burka

ka fu tan

caftán

(a la bo shi)chang pao

abaya

yong yi

traje de baño

nan shi yong ku

bañador

duan ku

shorts

yun dong fu

chándal

wei qun

delantal

shou tao

guante

yi fu - vestimenta

niu kou

botón

yan jing

gafa

shou lian

brazalete

xiang lian

cadena

jie zhi

anillo

er huan

aro

bian mao

gorra

yi jia

percha

mao zi

sombrero

ling dai

corbata

la lian

cierre a cremallera

tou kui

casco

bei dai

tiradores

xiao fu

uniforme escolar

zhi fu

uniforme

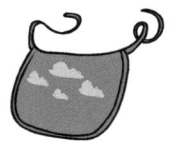

wei dou

babero

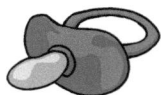

an fu nai zui

chupete

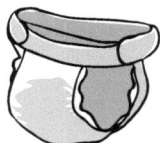

niao bu shi

pañal

ban gong shi
oficina

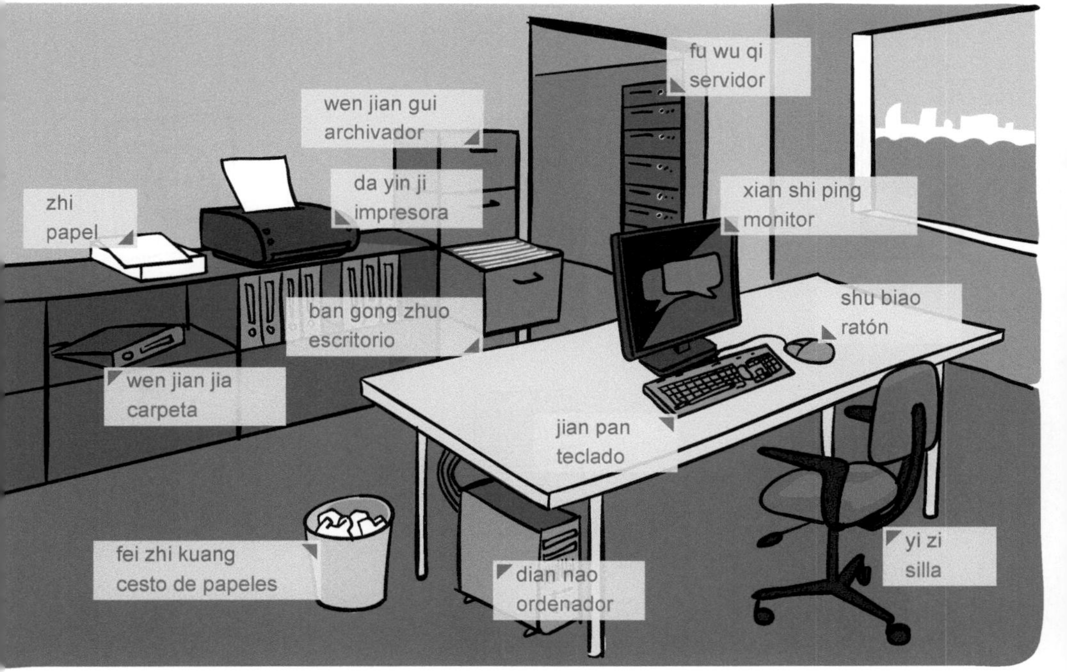
fu wu qi
servidor
wen jian gui
archivador
da yin ji
impresora
zhi
papel
xian shi ping
monitor
shu biao
ratón
ban gong zhuo
escritorio
wen jian jia
carpeta
jian pan
teclado
fei zhi kuang
cesto de papeles
dian nao
ordenador
yi zi
silla

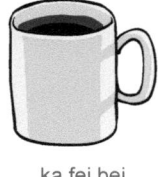

ka fei bei

taza de café

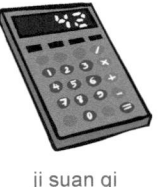

ji suan qi

calculadora

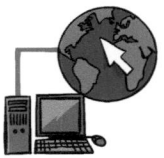

yin te wang

internet

bi ji ben dian nao

laptop

xin jian

carta

xiao xi

mensaje

shou ji

teléfono móvil

wang luo

red

fu yin ji

fotocopiadora

ruan jian

software

dian hua

teléfono

cha zuo

tomacorriente

chuan zhen ji

máquina de fax

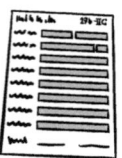

biao ge

formulario

wen jian

documento

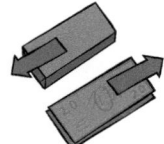

mai

comprar

fu qian

pagar

jiao yi

comerciar

xian jin

dinero

mei yuan

dólar

ou yuan

euro

ri yuan

yen

lu bu

rublo

rui shi fa lang

franco

ren min bi

renminbi

lu bi

rupia

ti kuan chu

cajero automático

wai bi dui huan chu

casa de cambio

jin

oro

yin

plata

shi you

petróleo

neng yuan

energía

jia ge

precio

he tong

contrato

shui jin

impuesto

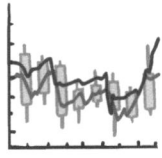

gu piao

acción

gong zuo

trabajar

zhi yuan

empleado

lao ban

empleador

gong chang

fábrica

shang dian

negocio

zhi ye
ocupaciones

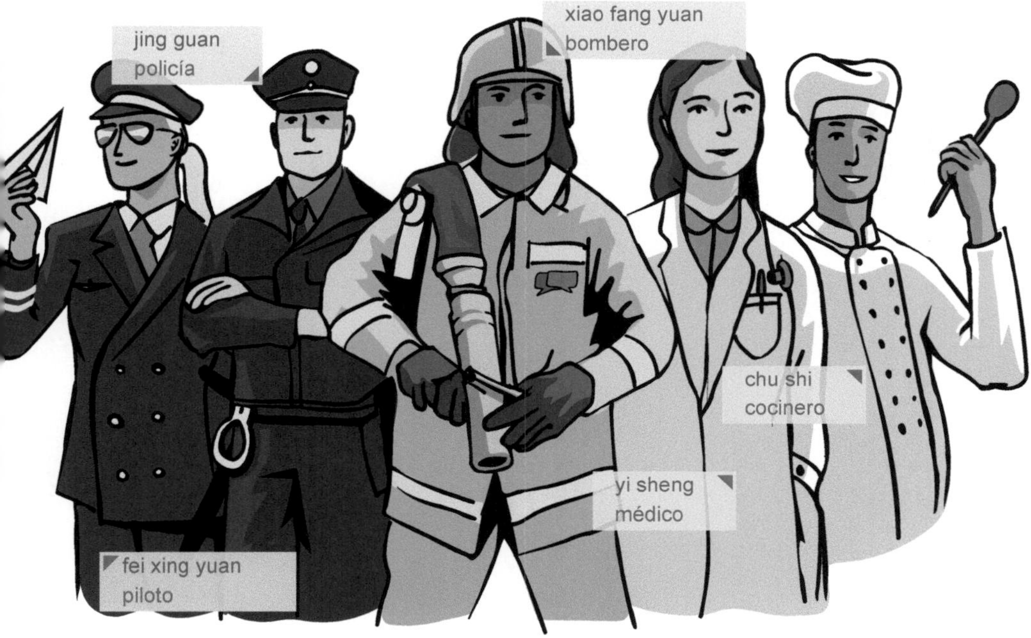
jing guan
policía
xiao fang yuan
bombero
chu shi
cocinero
yi sheng
médico
fei xing yuan
piloto

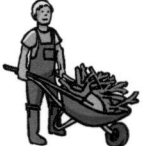

yuan ding

jardinero

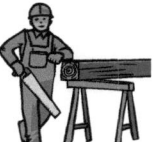

mu jiang

carpintero

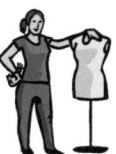

cai feng

costurera

fa guan

juez

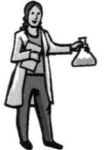

hua xue jia

químico

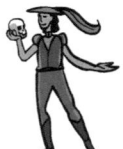

yan yuan

actor

gong jiao che si ji

conductor de autobús

chu zu che si ji

taxista

yu fu

pescador

qing jie nü gong

mujer de la limpieza

wu ding gong

techista

fu wu yuan

camarero

lie ren

cazador

hua jia

pintor

mian bao shi

panadero

dian gong

electricista

jian zhu gong ren

albañil

gong cheng shi

ingeniero

tu fu

carnicero

shui guan gong

fontanero

you di yuan

cartero

shi bing

soldado

jian zhu shi

arquitecto

shou yin yuan

cajero

hua nong

florista

li fa shi

peluquero

shou piao yuan

cobrador

ji xie shi

mecánico

chuan zhang

capitán

ya yi

odontólogo

ke xue jia

científico

la bi

rabino

yi ma mu

imam

he shang

monje

mu shi

párroco

gong ju
herramientas

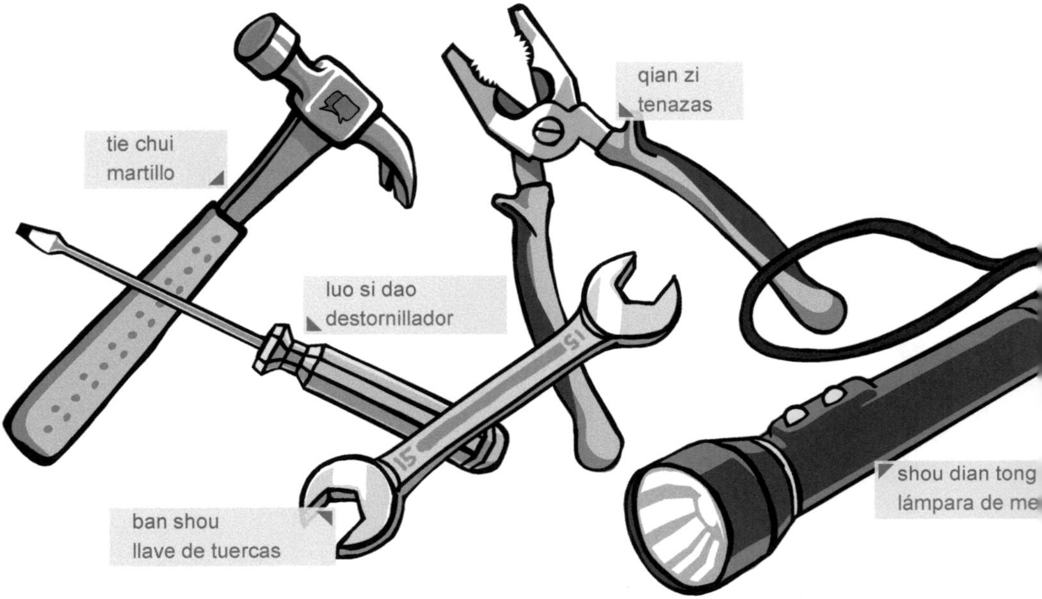
tie chui
martillo
qian zi
tenazas
luo si dao
destornillador
ban shou
llave de tuercas
shou dian tong
lámpara de me

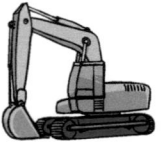

wa jue ji

excavadora

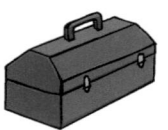

gong ju xiang

caja de herramientas

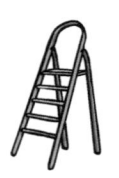

ti zi

escalerilla

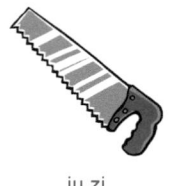

ju zi

serrucho

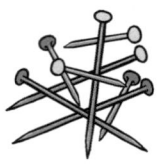

ding zi

clavos

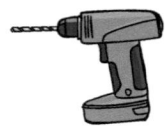

zuan ji

taladro

xiu

reparar

chan zi

pala

kao!

¡Maldición!

bo ji

recogedor

you qi tong

lata de pintura

luo si

tornillos

yue qi

instrumentos musicales

yang sheng qi
altavoz

da ji yue qi
batería

ji ta
guitarra

di yin ti qin
contrabajo

xiao hao
trompeta

gang qin

piano

xiao ti qin

violín

bei si

bajo

ding yin gu

timbales

gu

tambor

dian zi qin

teclado

sa ke si guan

saxofón

chang di

flauta

mai ke feng

micrófono

dong wu yuan
zoológico

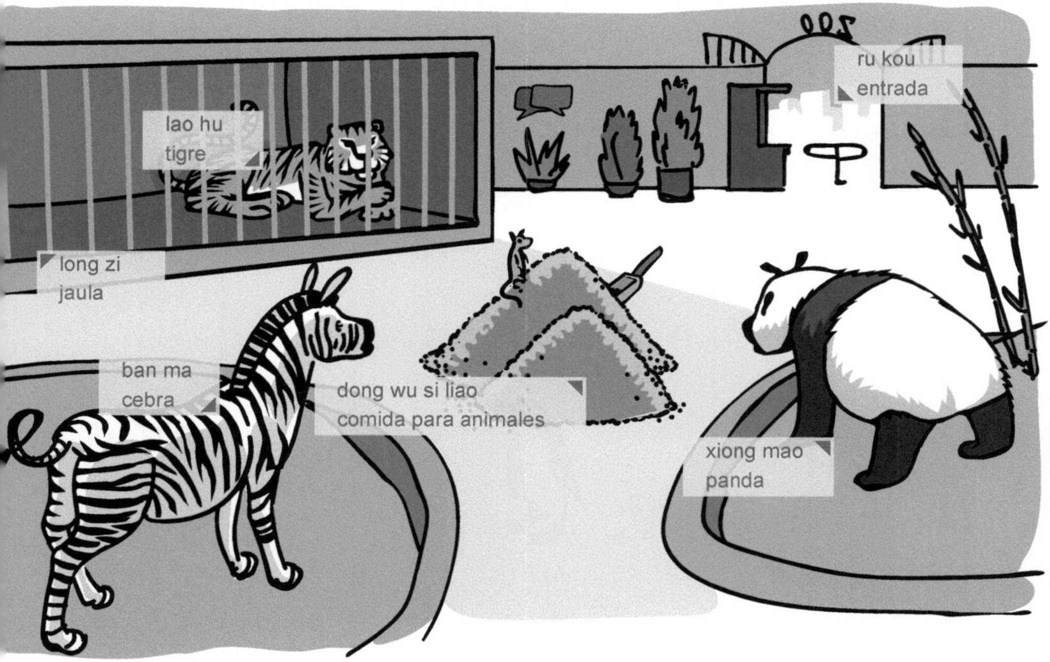

lao hu
tigre
ru kou
entrada
long zi
jaula
ban ma
cebra
dong wu si liao
comida para animales
xiong mao
panda

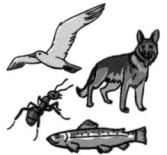

dong wu
animales

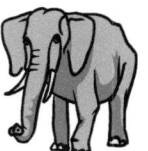

da xiang
elefante

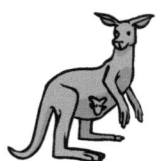

dai shu
canguro

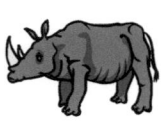

xi niu
rinoceronte

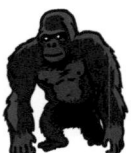

da xing xing
gorila

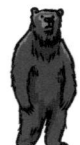

xiong
oso

luo tuo

camello

tuo niao

avestruz

shi zi

león

hou zi

mono

huo lie niao

flamengo

ying wu

papagayo

bei ji xiong

oso polar

qi e

pingüino

sha yu

tiburón

kong que

pavo real

she

serpiente

e yu

cocodrilo

dong wu yuan guan li yuan

cuidador del zoológico

hai bao

foca

mei zhou bao

jaguar

ai zhong ma

pony

bao

leopardo

he ma

hipopótamo

chang jing lu

jirafa

lao ying

águila

ye zhu

jabalí

yu

pescado

gui

tortuga

hai xiang

morsa

hu li

zorro

ling yang

gacela

gan lan qiu
fútbol americano

qi zi xing che
ciclismo

wang qiu
tenis

lan qiu
baloncesto

you yong
natación

quan ji
boxeo

bing qiu
hockey sobre hielo

ying shi zu qiu

fútbol

yu mao qiu

badminton

tian jing

atletismo

shou qiu

balonmano

hua xue

esquí

ma qiu

polo

huo dong
actividades

xiao
reír
tiao
saltar
yong bao
abrazar
zou lu
caminar
chang
cantar
zuo meng
soñar
qi dao
rezar
qin wen
besar

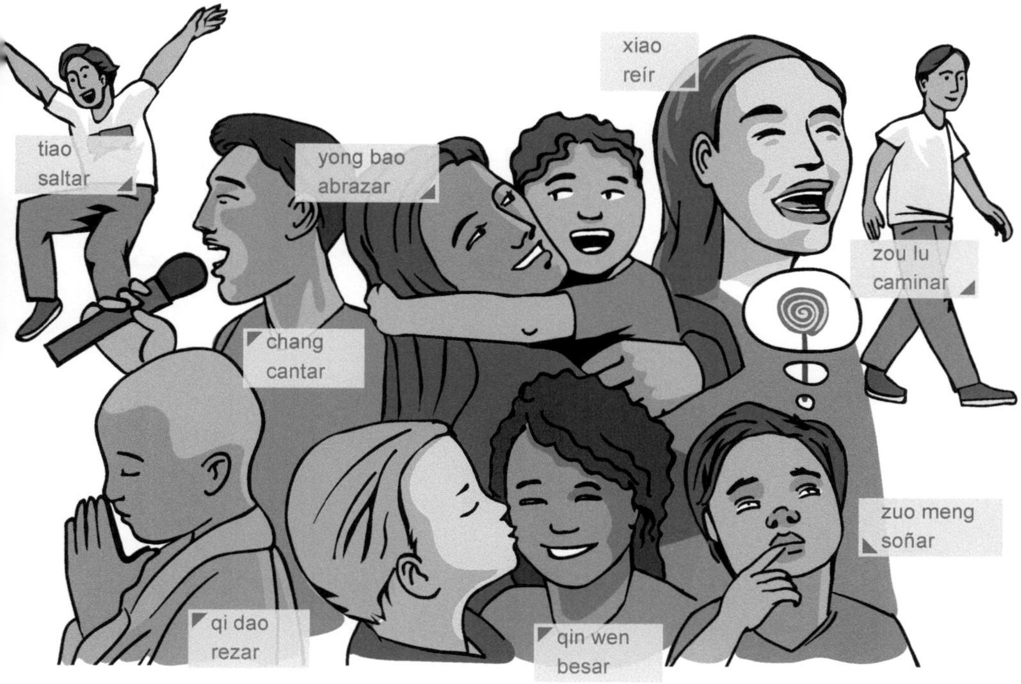

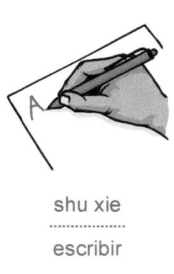

shu xie
escribir

hua
dibujar

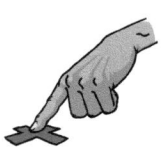

zhan shi
mostrar

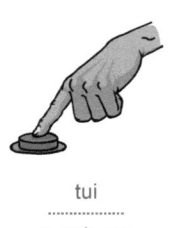

tui
presionar

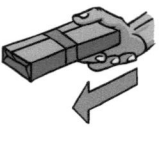

gei
dar

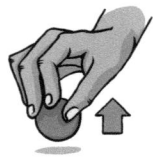

na
tomar

you

tener

zuo

hacer

dang

ser

zhan

estar de pie

pao

correr

la

tirar

reng

arrojar

shuai dao

caer

tang

estar acostado

deng dai

esperar

xie dai

llevar

zuo

estar sentado

chuan yi

vestirse

shui jiao

dormir

xing lai

despertar

kan

mirar

ku

llorar

fu mo

acariciar

shu tou

peinarse

jiao tan

conversar

ming bai

entender

wen

preguntar

ting

oír

he

beber

chi

comer

qing li

asear

ai

amar

zuo fan

cocinar

kai che

conducir

fei

volar

hang xing

navegar

ji suan

calcular

du

leer

xue xi

aprender

gong zuo

trabajar

jie hun

casarse

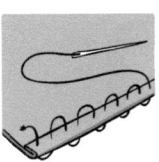

feng

coser

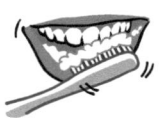

shua ya

limpiarse los dientes

sha

matar

chou yan

fumar

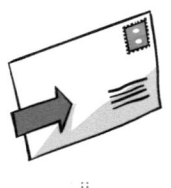

ji

enviar

zu mu
abuela

zu fu
abuelo

fu qin
padre

mu qin
madre

ying tong
bebé

nü er
hija

er zi
hijo

ke ren

invitado

a yi

tía

shu shu

tío

xiong di

hermano

jie mei

hermana

shen ti

cuerpo

qian e
frente
yan jing
ojo
jian bang
hombro
shou zhi
dedo
lian
cara
xia ba
barbilla
shou
mano
tui
pierna
ru fang
pecho
shou bi
brazo

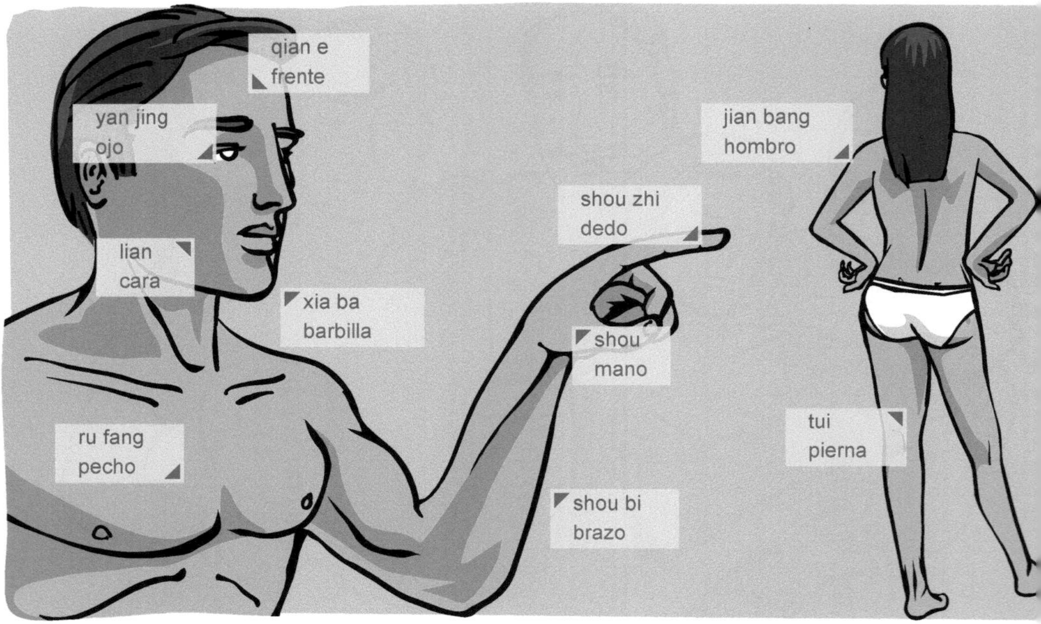

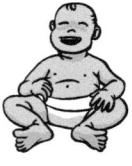

ying tong

bebé

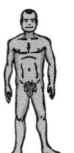

nan ren

hombre

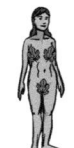

nü ren

mujer

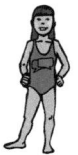

nü hai

muchacha

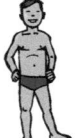

nan hai

joven

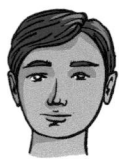

tou

cabeza

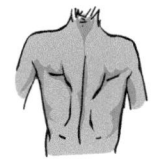

bei bu

espalda

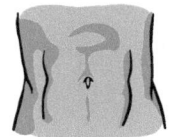

du zi

vientre

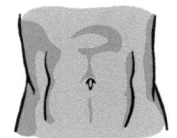

du qi

ombligo

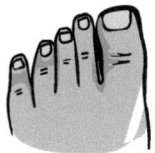

jiao zhi

dedo del pie

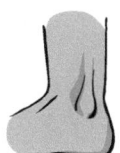

jiao hou gen

talón

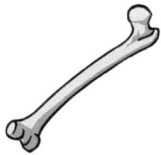

gu tou

hueso

tun bu

cadera

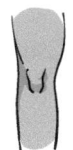

xi gai

rodilla

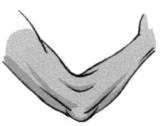

shou zhou

codo

bi zi

nariz

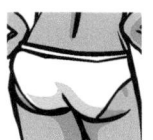

pi gu

trasero

pi fu

piel

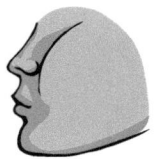

lian jia

mejilla

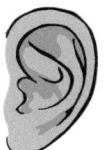

er duo

oreja

zui chun

labio

zui

boca

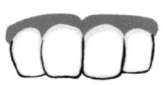

ya chi

diente

she tou

lengua

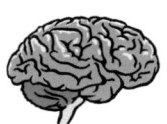

nao

cerebro

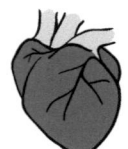

xin zang

corazón

ji rou

músculo

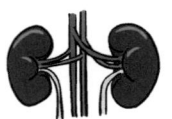

fei

pulmón

gan zang

hígado

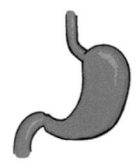

wei

estómago

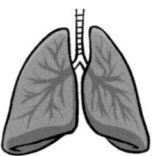

shen zang

riñones

xing jiao

relación sexual

bi yun tao

condón

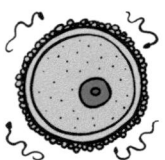

luan zi

Óvulo

jing zi

esperma

huai yun

embarazo

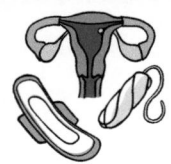

yue jing

menstruación

yin dao

vagina

yin jing

pene

mei mao

ceja

tou fa

cabello

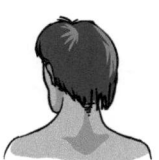

bo zi

cuello

yi yuan
hospital

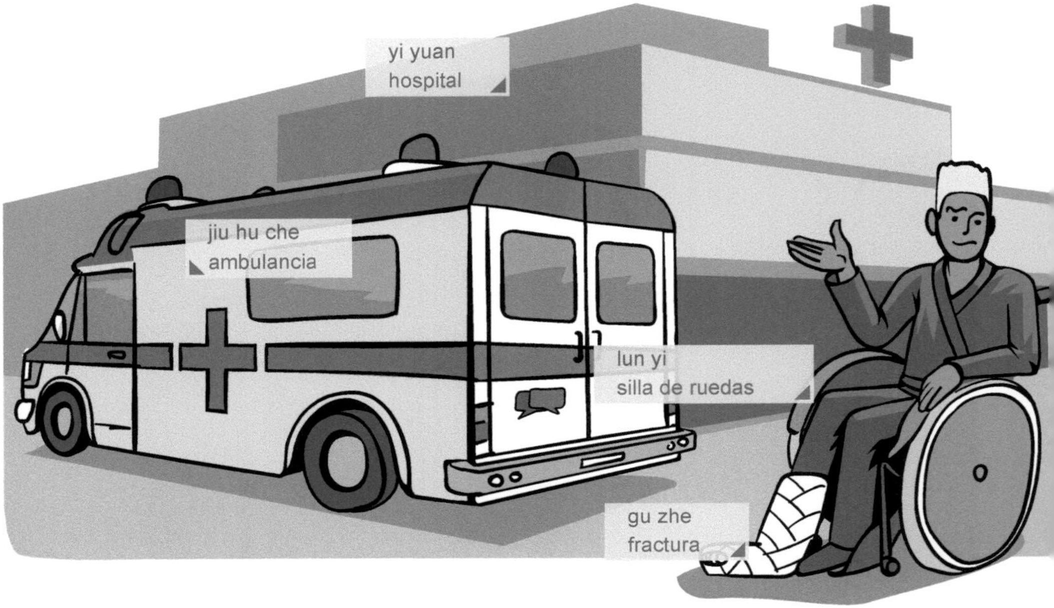

yi yuan
hospital
jiu hu che
ambulancia
lun yi
silla de ruedas
gu zhe
fractura

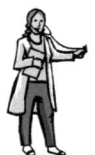

yi sheng

médico

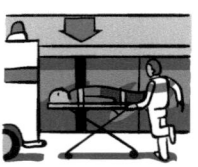

ji zhen shi

admisión de urgencia

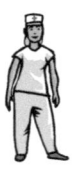

hu shi

enfermera

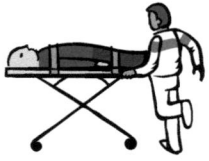

jin ji qing kuang

emergencia

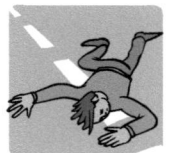

hun mi

inconsciente

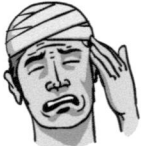

tong

dolor

shou shang

lesión

chu xue

hemorragia

xin zang bing fa zuo

infarto de miocardio

zhong feng

apoplejía cerebral

guo min

alergia

ke sou

tos

fa shao

fiebre

liu gan

gripe

fu xie

diarrea

tou tong

dolor de cabeza

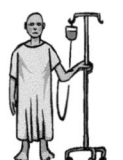

ai zheng

cáncer

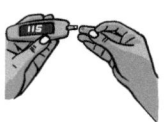

tang niao bing

diabetes

wai ke yi sheng

cirujano

shou shu dao

escalpelo

shou shu

operación

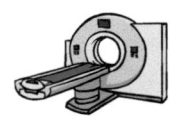

CT

TC

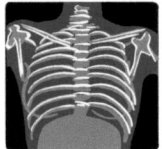

X guang

rayos X

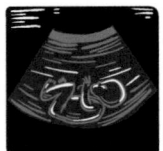

chao sheng bo

ultrasonido

kou zhao

máscara

ji bing

enfermedad

hou zhen shi

sala de espera

guai zhang

muleta

shi gao

emplasto

beng dai

vendaje

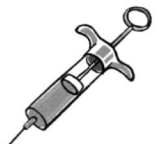

zhu she

inyección

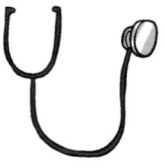

ting zhen qi

estetoscopio

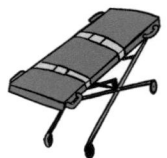

dan jia

camilla

ti wen ji

termómetro

chu sheng

nacimiento

chao zhong

sobrepeso

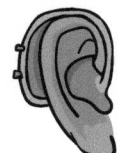

zhu ting qi

audífono

xiao du ye

desinfectante

gan ran

infección

bing du

virus

ai zi bing

VIH / SIDA

yao wu

medicina

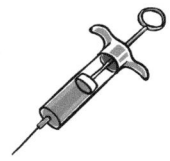

jie zhong yi miao

vacunación

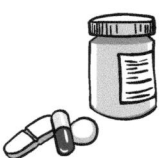

yao pian

comprimido

yao wan

píldora anticonceptiva

ji jiu dian hua

llamada de emergencia

xue ya ji

medidor de presión arterial

sheng bing/jian kang

enfermo / saludable

jiu ming!

¡Ayuda!

jing bao

alarma

tu ji

asalto

gong ji

ataque

wei xian

peligro

jin ji chu kou

salida de emergencia

zhao huo la!

¡Fuego!

mie huo qi

extintor

yi wai

accidente

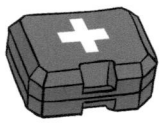

ji jiu xiang

kit de primeros auxilios

hu jiu xin hao

SOS

jing cha

Policía

ou zhou

Europa

bei mei zhou

América del Norte

nan mei zhou

América del Sur

fei zhou

África

ya zhou

Asia

ao zhou

Australia

da xi yang

Atlántico

tai ping yang

Pacífico

yin du yang

Océano Índico

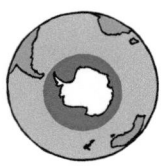

nan bing yang

Océano Antártico

bei bing yang

Océano Ártico

bei ji

Polo Norte

nan ji

Polo Sur

nan ji zhou

Antártida

di qiu

Tierra

lu di

país

hai

mar

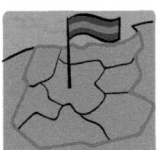

dao

isla

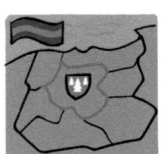

guo jia

nación

guo jia

Estado

zhong mian

cuadrante

shi zhen

horario

fen zhen

minutero

miao zhen

segundero

xian zai ji dian?

¿Qué hora es?

tian

día

shi jian

tiempo

xian zai

ahora

dian zi biao

reloj digital

fen

minuto

shi

hora

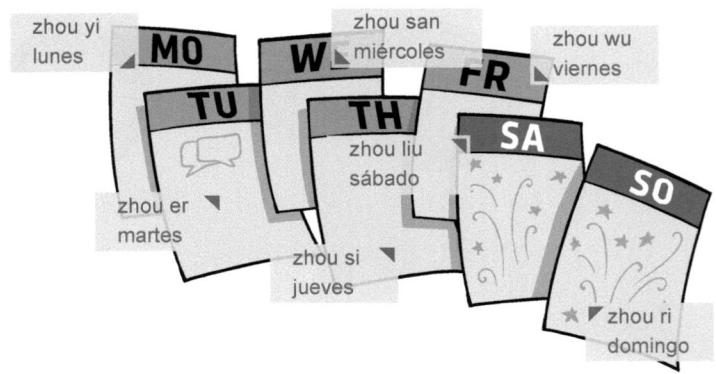

zhou yi
lunes

zhou san
miércoles

zhou wu
viernes

zhou er
martes

zhou liu
sábado

zhou si
jueves

zhou ri
domingo

zuo tian

ayer

jin tian

hoy

ming tian

mañana

zao chen

mañana

zhong wu

mediodía

wan shang

tarde

gong zuo ri

jornada de trabajo

zhou mo

fin de semana

nian

año

yu
lluvia
cai hong
arco iris
xue
nieve
feng
viento
chun
primavera
qiu
otoño
xia
verano
dong
invierno

4.APRIL 11°
5.APRIL 4°
6.APRIL 13°
7.APRIL 8°
8.APRIL 10°

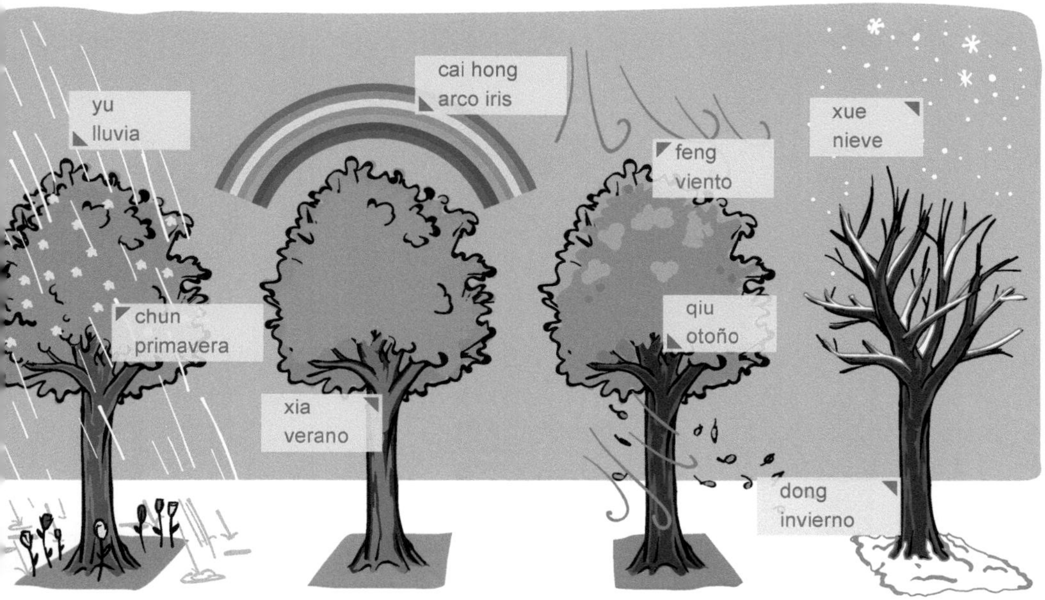

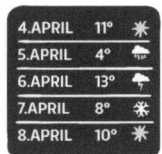

tian qi yu bao

ronóstico meteorológico

F
C
120
90
60
30
0
-30
40
30
20
10
0
-10
-20

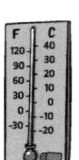

wen du ji

termómetro

yang guang

luz solar

yun

nube

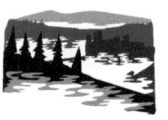

wu

niebla

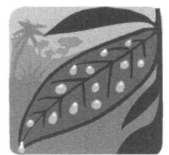

chao shi

humedad ambiente

shan dian

relámpago

da lei

trueno

feng bao

tormenta

bing bao

granizo

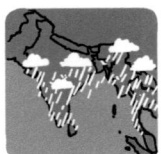

ji feng

monzón

hong shui

inundación

bing

hielo

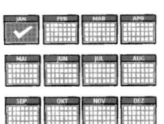

yi yue

enero

er yue

febrero

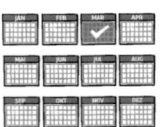

san yue

marzo

si yue

abril

wu yue

mayo

liu yue

junio

qi yue

julio

ba yue

agosto

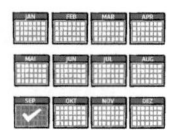

jiu yue

septiembre

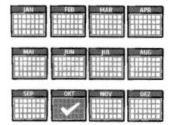

shi yue

octubre

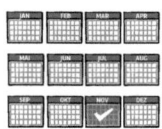

shi yi yue

noviembre

shi er yue

diciembre

xing zhuang

formas

yuan xing

círculo

zheng fang xing

cuadrado

chang fang xing

rectángulo

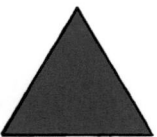

san jiao xing

triángulo

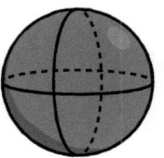

qiu ti

esfera

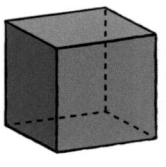

li fang ti

cubo

bai

blanco

huang

amarillo

cheng

anaranjado

fen

rosa

hong

rojo

zi

lila

lan

azul

lü

verde

zong

marrón

hui

gris

hei

negro

hen duo/shao xu

mucho / poco

sheng qi/ping jing

enojado / calmado

mei/chou

bonito / feo

shou/wei

comienzo / fin

da/xiao

grande / pequeño

ming/an

claro / oscuro

xiong di/jie mei

hermano / hermana

gan jing/ang zang

limpio / sucio

wan zheng/que shi

completo / incompleto

bai tian/wan shang

día / noche

si/sheng

muerto / vivo

kuan/zhai

ancho / angosto

ke shi yong/fei shi yong

disfrutable / no disfrutable

xie e/shan liang

malo / amigable

xing fen/wu liao

excitado / aburrido

pang/shou

gordo / delgado

di yi/zui hou

primero / último

peng you/di ren

amigo / enemigo

man/kong

lleno / vacío

ying/ruan

duro / suave

zhong/qing

pesado / liviano

e/ke

hambre / sed

sheng bing/jian kang

enfermo / saludable

fei fa/he fa

ilegal / legal

cong ming/yu ben

inteligente / tonto

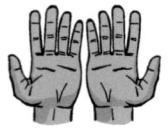

zuo/you

izquierda / derecha

jin/yuan

cercano / lejano

xin/jiu

nuevo / usado

mei you/you xie

nada / algo

lao/you

viejo / joven

kai/guan

encendido / apagado

da kai/he shang

abierto / cerrado

an jing/chao nao

bajo / fuerte

fu/qiong

rico / pobre

dui/cuo

correcto / incorrecto

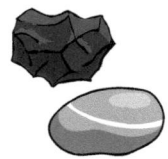

cu cao/guang hua

áspero / liso

shang xin/gao xing

triste / alegre

duan/chang

breve / extenso

man/kuai

lento / veloz

shi/gan

mojado / seco

wen nuan/liang shuang

caliente / frío

zhan zheng/he ping

guerra / paz

0

ling

cero

1

yi

uno

2

er

dos

3

san

tres

4

si

cuatro

5

wu

cinco

6

liu

seis

7

qi

siete

8

ba

ocho

9

jiu

nueve

10

shi

diez

11

shi yi

once

12
shi er

doce

13
shi san

trece

14
shi si

catorce

15
shi wu

quince

16
shi liu

dieciséis

17
shi qi

diecisiete

18
shi ba

dieciocho

19
shi jiu

diecinueve

20
er shi

veinte

100
bai

cien

1.000
qian

mil

1.000.000
bai wan

millón

ying yu

inglés

mei shi ying yu

inglés estadounidense

pu tong hua

chino mandarín

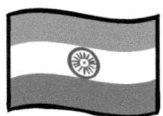

yin di yu

hindi

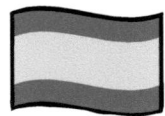

xi ban ya yu

español

fa yu

francés

a la bo yu

árabe

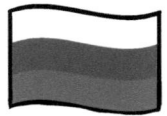

e yu

ruso

pu tao ya yu

portugués

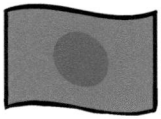

feng jia la yu

bengalí

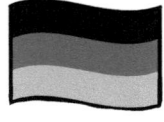

de yu

alemán

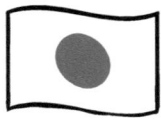

ri yu

japonés

wo

yo

ni

tú

ta/ta/ta

él / ella

wo men

nosotros

ni men

vosotros

ta men

ellos

shei?

¿quién?

shen me?

¿qué?

zen yang?

¿cómo?

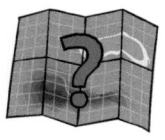

na li?

¿dónde?

shen me shi hou?

¿cuándo?

ming zi

nombre

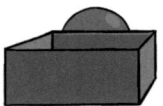

hou mian

detrás

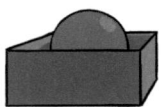

li mian

en

qian mian

delante de

shang fang

encima de

shang mian

sobre

xia mian

debajo de

pang bian

junto a

zhong jian

entre

di dian

lugar